La Conflagration européenne

SES CAUSES ÉCONOMIQUES ET POLITIQUES

PAR

L. LÉVY-BRUHL

PROFESSEUR A LA SORBONNE

Prix : 60 centimes.

PARIS

LIBRAIRIE FÉLIX ALCAN

108, BOULEVARD SAINT-GERMAIN, 108

—

1915

La Conflagration

européenne

SES CAUSES ÉCONOMIQUES ET POLITIQUES [1]

Jamais, jusqu'à présent, l'histoire n'a conservé le souvenir d'une guerre comparable à celle où tant de nations sont engagées depuis un an. Presque toutes les grandes puissances européennes y déploient tout ce qu'elles ont de force, et en Asie, en Afrique, en Océanie, sur toutes les mers, le conflit s'est propagé. Tandis qu'autrefois les grandes armées se comptaient par centaines de mille hommes, ce sont aujourd'hui des millions de soldats qui se heurtent les uns contre les autres. De même, c'est par milliards que se chiffrent chaque mois les dépenses.

Quand on essaie de se représenter la somme de ruines, de misères, de souffrances, de maladies, de morts qu'entraîne chaque jour une pareille guerre, l'imagination recule, épouvantée. L'âme est saisie d'une sorte de désespoir. La pensée se voile et se sent impuissante à raisonner sans passion. Comment trouver le sang-froid nécessaire à la réflexion ? Et pourtant, même dans ces conjonctures effroyables, il faut exercer la fonction supérieure de la raison humaine, qui est de *comprendre*. Il faut essayer de remonter aux causes de la conflagration qui désole l'Europe. Cette recherche n'est pas

1. Cette étude a paru d'abord dans *Scientia, Revue internationale de synthèse scientifique* qui a publié une enquête sur les causes de la guerre.

seulement nécessaire pour fixer les responsabilités de chaque peuple. Elle doit servir aussi à tirer la leçon des faits, et à prévenir, s'il se peut, le retour de semblables catastrophes.

Jusqu'au dernier moment, beaucoup de bons esprits ont refusé de croire à la guerre. Tant de fois déjà elle avait menacé d'éclater, et le danger pourtant avait pu être conjuré! Sans doute on avait vu se produire des guerres — celles des Balkans, par exemple, sanglantes et terribles. Mais précisément les grandes puissances avaient réussi à localiser le conflit. Malgré d'ardentes rivalités d'influence et d'intérêt, elles avaient préféré une paix, même boiteuse, aux conséquences « incalculables » que pouvait entraîner un recours aux armes. Quelles raisons avaient-elles de renoncer à cette attitude de prudence? Aucune d'elles pouvait-elle se croire assez sûre de la victoire pour risquer une aventure si périlleuse? D'autre part, une guerre moderne coûte extrêmement cher : les bénéfices à tirer d'une guerre heureuse compenseraient-ils les sacrifices qu'elle aurait exigés, même du vainqueur? L'intérêt bien entendu devait retenir les puissances qui se sentiraient tentées de courir la chance. Je ne dis rien d'une raison de sentiment qui, au fond des cœurs, prêtait sa force aux autres motifs de croire que la guerre n'éclaterait pas : de l'espérance, qui voulait se prendre pour une certitude, qu'on ne verrait pas, à la honte du xxᵉ siècle, l'humanité civilisée retomber dans la sauvagerie qui est l'accompagnement inévitable de la guerre.

Et pourtant, elle a éclaté, cette guerre! Elle dévore l'argent et les hommes avec une rapidité et une violence sans exemple, — et néanmoins, elle menace de durer, et même de s'étendre! Aucune des puissances qui y sont engagées ne songe à s'en retirer; plus d'une, restée neutre jusqu'à aujourd'hui, se verra peut-être amenée à prendre part au combat. La conflagration embrasserait alors toute l'Europe. Quelles sont donc les causes qui l'ont déterminée? Comment l'ont-elles emporté sur les forces, si considérables, qui semblaient assurer le maintien de la paix?

La question ainsi posée demanderait, pour être traitée, même sommairement, plus d'espace que n'en permet le cadre de cette étude. Mais surtout, si l'on voulait prendre le mot de

« causes » en un sens rigoureux, comme on fait dans les sciences physiques et naturelles, il conviendrait de fonder la recherche sur une analyse préalable du mécanisme des sociétés européennes. Or, dans l'état actuel de la science, cette tâche dépasse ce que nous sommes en état d'entreprendre. Toutefois, nous pouvons faire une œuvre utile encore, bien que plus modeste, en étudiant les « causes » au sens où les historiens prennent habituellement ce mot : c'est-à-dire en examinant les conditions déterminantes des événements telles qu'elles se manifestent dans les sentiments, les idées, les passions et les besoins des individus et des peuples. Sans doute, le mécanisme interne des faits ne nous devient pas par là plus clair, et surtout ce genre d'explication ne nous fournit pas le moyen de nous en rendre maîtres, au moins en quelque mesure. Mais il donne déjà une satisfaction à l'esprit, et s'il ne procure pas une prévision exacte des phénomènes, ni une méthode rationnelle pour les modifier, il permet du moins une leçon pour l'avenir, des conseils de prudence bien fondés, et des principes de conduite politique éprouvés par l'expérience.

Il n'est pas non plus nécessaire de soulever ici la question, toujours discutée, de savoir quelle est exactement l'importance du rôle personnel des individus dans les grands événements de l'histoire. Admettons qu'elle soit considérable : personne ne soutiendra pourtant que la conflagration universelle dépendait, pour se produire, d'un geste de tel ou tel potentat. Sans doute, ce geste, le potentat l'a fait. Mais, pour qu'il eût les conséquences dont nous sommes témoins, il fallait un ensemble de conditions politiques et économiques extraordinairement complexe, et qui s'était établi sous l'action de causes où les potentats ne sont pour rien. On dira de même, si l'on veut, que l'attentat de Serajevo a mis le feu à l'Europe. Mais on devra reconnaître en même temps que, si le feu a pris, c'est que les matières inflammables s'étaient accumulées aux endroits dangereux. Dans les crises où l'histoire prend des allures de drame, les acteurs qui occupent le devant de la scène sont proprement ce qu'Emerson appelait des « hommes représentatifs ». Ce qui s'exprime par leurs paroles et par leurs gestes, ce sont les

passions des foules anonymes. Ils sont les organes indivi-
duels des volontés collectives.

Nous ne prendrons donc pas pour des causes ce qui n'est
vraiment que des symboles. Nous chercherons quelques-unes
des causes profondes du conflit dans les conditions politiques, économiques, et psychologiques des nations intéressées, au moment où il a éclaté. Encore cette distinction
entre ces différents ordres de conditions n'a-t-elle rien
d'absolu, et servira-t-elle surtout à la commodité de l'analyse. En fait, les conditions économiques où vivent les peuples
exercent une influence directe et constante sur leurs dispo-
sitions psychologiques, et celles-ci, à leur tour, réagissent
sur ces conditions. De même, les changements d'état politique
affectent aussitôt les conditions économiques des régions
où ces changements se sont produits. Si donc nous séparons
ces ordres de causes, ce n'est que provisoirement, et pour
en mieux discerner les rapports.

*
* *

Depuis de longues années, deux graves problèmes, l'un à
l'Ouest, l'autre à l'Est, entretenaient en Europe un malaise
constant, on peut même dire, croissant. A l'Ouest, c'est la
question de l'Alsace et de la Lorraine. Après plus de qua-
rante ans écoulés, un fait devenait évident. L'Allemagne
n'avait pas été pour ces provinces la « libératrice » qu'elle
avait cru être. Elle ne les gardait, au contraire, qu'en les
maintenant, contre leur volonté, sous un régime d'exception
qui ressemblait beaucoup à un régime d'oppression. Cette
violence faite à une population très consciente de sa dignité
et de ses droits, fière de sa haute civilisation, et qui s'esti-
mait au moins l'égale de ses maîtres, ne pouvait engendrer
que des maux. Ainsi se sont développées les conséquences
de la faute commise en 1871, quand l'Allemagne exigea la
cession de l'Alsace et de la Lorraine, sans s'assurer de leur
consentement. Jusqu'à présent, l'Allemagne n'a pas retiré de
grands avantages de cette annexion : on saura bientôt si elle
était indispensable pour la sécurité du pays, comme certains

généraux l'ont prétendu. Mais depuis longtemps on voit les difficultés qui en ont découlé. Jamais, depuis 1871, il n'a pu s'établir entre la France et l'Allemagne des rapports de bon voisinage et de confiance mutuelle, ni même d'accord durable en matière industrielle et commerciale. Plus d'une fois, on a cherché à établir un régime de relations meilleures. Ces tentatives ont toujours échoué, et par suite elles ont eu régulièrement pour effet d'empirer les rapports qu'on avait voulu améliorer. L'échec était inévitable, tant que le spectacle de l'Alsace et de la Lorraine opprimées et obstinées entretenait chez les Français le souvenir toujours vivant de la mutilation subie en 1871.

A aucun moment le parti de la revanche n'a été assez fort en France pour décider le gouvernement, quel qu'il fût, à demander, les armes à la main, la révision du traité de Francfort. La masse de la nation a toujours voulu, avant tout, la paix. Mais un attachement fidèle aux provinces perdues empêchait toute entente avec le vainqueur qui avait usé si cruellement de sa victoire, d'autant que rien n'indiquait que la germanisation des Alsaciens et des Lorrains eût fait des progrès avec le temps. Au contraire, plus l'administration allemande jugeait à propos d'employer la « manière forte », plus elle avouait qu'elle n'avait pas su gagner les esprits.

Cet état de choses comportait un grave danger pour la paix. Au lieu de s'en prendre à elle-même, et à elle seule, pour expliquer le maigre résultat de sa politique en Alsace et en Lorraine, l'Allemagne pouvait être tentée de se tourner vers la France, et de l'en rendre responsable. Si les Alsaciens et les Lorrains se montraient si réfractaires à la germanisation, si peu disposés à se sentir heureux d'être les sujets de l'Empereur, n'était-ce pas, pour une grande part, parce que la France refusait de considérer la question comme close, d'accepter sans arrière-pensée la situation issue du traité de Francfort, et d'entretenir avec l'Allemagne des relations franchement amicales ? N'était-ce pas surtout parce que les Alsaciens et les Lorrains, les yeux tournés vers les Vosges, gardaient des espérances qu'ils n'avaient pas l'imprudence d'exprimer tout haut, mais qui nourrissaient leur résistance passive et opiniâtre ? Un jour ou l'autre, l'Allemagne pouvait prendre le parti de leur faire voir la vanité de ces espérances, et de mettre la France hors d'état de songer jamais à recouvrer ses provinces perdues.

A l'Orient de l'Europe, le traité de Bucarest n'avait rien résolu. Il avait laissé d'amers regrets à la Bulgarie et à la Turquie. La souveraineté fragile du prince de Wied n'assurait pas à l'Albanie un régime définitif. Et surtout l'Autriche, sentinelle avancée du monde allemand, n'acceptait pas sans réserve de voir se fermer pour elle la route de Salonique. Le 29 juillet 1914, Mr. Beaumont, chargé d'affaires d'Angleterre à Constantinople, écrivait à sir Edward Grey : « Je crois comprendre que les projets autrichiens pourraient aller beaucoup plus loin que le sandjak et qu'une occupation du territoire serbe à titre de châtiment. Cette conclusion m'est suggérée par une remarque qu'a laissé tomber l'ambassadeur d'Autriche, qui parlait de la déplorable situation économique de Salonique sous l'administration grecque, et du concours sur lequel l'armée autrichienne pouvait compter de la part de la population musulmane mécontente du régime serbe [1]. »

La formule : *les Balkans aux Balkaniques*, déjà grosse elle-même de difficultés, était donc loin de satisfaire l'Autriche, et de conjurer les dangers de complications européennes. Il s'agissait, avant tout, de savoir quelle grande puissance exercerait dans les Balkans une influence prédominante. Question plus aiguë et plus menaçante que celle de l'Alsace et de la Lorraine, car elle exigeait une solution immédiate. Laisser les mois, puis les années s'écouler, sans intervenir, équivalait pour l'Autriche à consentir tacitement au nouvel ordre de choses, et à permettre aux Serbes d'organiser les fruits de leurs victoires. La poussée germanique aurait ainsi avoué son recul devant l'ascendant slave.

---

1. Correspondance du gouvernement britannique relative à la crise européenne, Londres, 1914. N° 82.

* *
*

Sur ce point, les intérêts politiques ne se séparent guère des intérêts économiques. Pourquoi l'Autriche, et derrière elle l'Allemagne, sont-elles si désireuses de s'assurer la route libre jusqu'à Salonique, et peut-être la possession de ce port? N'est-ce pas parce que la prépondérance économique, dans la Méditerranée orientale et dans le Levant, doit appartenir tôt ou tard aux puissances germaniques? Il faut que, par la voie de Salonique, les produits allemands arrivent, de la mer du Nord ou de la Baltique, jusqu'à la mer Egée, et passent ensuite de là, par le chemin de fer de Bagdad, dans toute l'Asie Mineure, puis vers le golfe Persique et les Indes. L'Autriche veut des débouchés : l'Allemagne en a un besoin encore plus pressant. Elle est devenue, bien plus que l'Autriche, une grande puissance commerciale. Elle a donné un développement prodigieux à son industrie, en vue de l'exportation. Par ce moyen elle s'enrichit très vite, mais à la condition que son exportation aille toujours en croissant. Elle en vit; elle y trouve les éléments d'une prospérité rapide et brillante, tant qu'elle peut s'ouvrir de nouveaux débouchés, et que les clients une fois acquis lui restent fidèles. Mais, si son exportation cesse de croître, elle risque d'en mourir. Sa propre production surabondante l'étouffe.

En conséquence, l'essor extraordinaire de l'industrie allemande comportait pour ses voisins, et pour le monde, plutôt un danger de guerre qu'une garantie de paix. Il n'y a pas là de paradoxe. Ce fait singulier tient au caractère particulier que présente le développement industriel et commercial de l'Allemagne. Ses progrès ont été rapides et irrésistibles. L'Allemagne a gagné beaucoup d'argent en peu d'années. Elle a battu ses concurrents (en particulier l'Angleterre) sur beaucoup de marchés, parfois jusque chez eux. Mais cette prospérité, qui a donné à l'Allemagne le sentiment de la victoire dans la lutte économique comme sur les autres terrains, n'est pas aussi solide que celle de l'Angleterre, ni même que celle de pays dont l'industrie et le commerce n'ont fait que des progrès beaucoup plus modestes, comme, par exemple, la France.

Elle est à la fois triomphale et précaire. Triomphale, sans doute, puisque les produits allemands s'introduisent partout et tendent à supplanter les autres. Mais précaire, parce que les capitaux allemands, tout en s'accroissant, sont immobilisés pour la plupart dans la construction d'usines toujours plus grandes, dans un matériel toujours plus considérable, dans des outillages constamment renouvelés et augmentés. Qu'une crise économique survienne et se prolonge, diminuant pour des mois, ou pour des années, le pouvoir d'achat des clients étrangers, que la faveur abandonne les produits allemands, pour retourner aux articles anglais ou français : la situation devient vite très grave pour l'Allemagne. Il lui faut, ou s'enrichir toujours davantage, ou se ruiner. De même que Napoléon ne pouvait pas s'arrêter d'agrandir son empire, l'Allemagne industrielle ne peut pas s'arrêter d'augmenter, avec ses usines, ses exportations. Mais un jour est venu où l'empire démesuré de Napoléon s'est écroulé. Le jour ne viendrait-il pas où la production énorme de l'industrie allemande ne pourrait plus s'écouler tout entière ?

Si l'Allemagne possédait de vastes et riches colonies, elle y trouverait, sans doute, des débouchés constants et certains. Comme l'Angleterre, comme la France, comme la Hollande, elle entretiendrait avec son empire colonial un commerce assuré et régulier. Mais les possessions d'outre-mer de l'Allemagne font piètre figure auprès des empires coloniaux que nous venons de citer. Elles ne comprennent rien de comparable au Canada ou aux Indes, à l'Algérie ou à l'Afrique occidentale française, aux grandes îles de l'Insulinde. La faute en est, comme on le sait, au prince de Bismarck, dont la politique était résolûment opposée à l'acquisition de colonies. C'est lui qui empêcha l'Allemagne de s'assurer un gros morceau lors du partage de l'Afrique. Quand elle changea d'avis, il était trop tard. Le commerce d'exportation de l'Allemagne doit donc se déverser presque exclusivement sur des territoires étrangers. Bien qu'elle n'ait à s'en prendre qu'à elle-même, elle en souffre comme d'une njustice. Ce sourd ressentiment, cette sorte de jalousie coloniale, a probablement contribué, par voie de conséquence indirecte, à pousser l'empire allemand dans la voie des armements militaires et navals.

A défaut de la possession des pays qui échappaient à sa domination politique, il lui fallait jouir au moins de l'ascendant que procure le déploiement de la force. Le renom d'être la première puissance militaire du monde devait l'aider à en devenir aussi la première puissance industrielle et commerciale. La force ne sert pas seulement à la menace. Elle est aussi une attraction, parfois même une séduction. Que de fois la foule des faibles s'est inclinée devant le plus fort, et lui a offert l'hommage de ses services, de son respect et de sa clientèle! En ce sens, les milliards dépensés par l'Allemagne pour son armée et pour sa flotte constituent, en même temps qu'une garantie contre les attaques possibles, un placement profitable. Il peut produire de gros intérêts. Par exemple, dans l'attachement des Jeunes-Turcs à l'alliance allemande qui les a si peu servis déjà, et qui va leur coûter, peut-être, jusqu'à leur existence, ne faut-il pas faire entrer, pour une part, la confiance aveugle que les Allemands ont su leur inspirer en leur supériorité militaire invincible? L'Allemagne obéissait donc à un instinct assez sûr, quand elle développait parallèlement, et comme d'un même effort, d'un côté sa puissance industrielle, de l'autre, sa puissance militaire et navale. Ces deux formes de sa grandeur étaient solidaires. Pour croître et pour se maintenir, l'une ne pouvait se passer de l'autre.

Il n'est pas bon, pour la paix du monde, que la prospérité commerciale d'une grande nation s'appuie ainsi sur son prestige militaire : on en voit aisément les raisons. En outre, l'énorme machine militaire qui constitue l'organisation de l'armée allemande est extrêmement dispendieuse. Celle de la flotte ne l'est pas moins. Pour entretenir, pour augmenter périodiquement cette flotte et cette armée, pour leur assurer la préparation la plus parfaite et la plus complète, l'Allemagne n'a jamais reculé devant aucune dépense, si forte fût-elle. Nous voyons aujourd'hui, mieux que jamais, combien d'argent à dû être employé, à l'insu de tous, pour l'armée et pour la marine allemandes. Mais tous ces milliards pèsent lourdement sur la masse du peuple. Les impôts sont excessifs, la vie trop chère. Les ouvriers souffrent du régime protectionniste, et les efforts que la nation s'impose pour s'enrichir ne rendent pas moins misérable la condition des pauvres gens.

Alors l'Allemagne, sentant sa prospérité mêlée de malaise, et précaire malgré sa force, se demande si la méthode qu'elle emploie lui rapporte vraiment tout ce qu'elle se croit en droit d'en attendre. Comment se fait-il qu'un grand empire, de près de 70 millions d'hommes, avec son incomparable armée qui n'a jamais eu d'égale dans le monde, avec sa flotte magnifique de croiseurs et de dreadnoughts dont l'Angleterre s'inquiète non sans raison, avec sa flotte plus belle encore de navires de commerce, avec ses industries en pleine croissance, avec son commerce « mondial », n'ait pas « sa place au soleil » — c'est-à-dire toute la place qui devrait lui appartenir ? A quoi lui sert sa supériorité militaire, si elle ne lui assure pas les moyens de se procurer les matières premières dont elle ne peut se passer (comme les minerais de fer) — ni les débouchés dont son commerce ne peut pas se passer davantage ? Faudra-t-il que cette puissante nation attende indéfiniment l'occasion de mettre en valeur les colonies qui végètent entre les mains des petits peuples, par exemple, les possessions portugaises en Afrique, dont l'annexion aux possessions allemandes serait si désirable ?

Si l'importance des colonies doit se proportionner à celle de la mère patrie, il est évident que l'Allemagne n'en a pas, à beaucoup près, la part qui lui revient. L'équilibre est rompu à son détriment. Elle a la force qui lui permettrait de le rétablir. La tentation est grande d'user de cette force. Sans doute, elle rencontrera l'opposition des autres puissances européennes. Mais peut-être pourra-t-elle s'entendre avec une ou deux d'entre elles (outre l'Autriche) contre les autres. On sait les tentatives répétées de la diplomatie allemande pour désunir la Triple Entente.

* * *

Les conditions économiques générales de l'Europe, et celles de l'Allemagne en particulier, sa rivalité commerciale avec l'Angleterre, la forme spéciale de son enrichissement présentaient donc un danger pour la paix du monde. Ce danger croissait avec les armements que l'exemple de l'Allemagne imposait aux autres pays, et s'aggravait encore pour des raisons d'ordre psychologique. Chaque peuple a, en effet, des façons de penser et de sentir qui tirent leur origine des siècles les plus lointains de son histoire, et qui sont incompréhensibles à tout autre que lui. Les vieilles nations sont des personnes morales très complexes. Il leur est fort difficile de se connaître elles-mêmes. Il leur est presque impossible de se connaître les unes les autres.

Je leur appliquerais volontiers la boutade profonde d'Oliver Wendell Holmes. Selon cet humoriste américain, lorsque deux personnes causent ensemble, il faut compter au moins six interlocuteurs. En effet, appelons ces deux personnes A et B. Nous trouvons engagés dans la conversation, d'abord A tel qu'il se voit lui-même, et qui ne coïncide pas, en général, avec A tel qu'il est; puis A tel que B le voit, et qui ne coïncide pas davantage avec A tel qu'il est ; enfin le véritable A, qui ne se confond avec aucun des deux précédents. Voilà déjà trois personnes. Les mêmes considérations s'appliquent à B. Il faut tenir compte de B tel qu'il se voit lui-même, de B tel que A le voit, et enfin de B réel. Il y a donc six personnes qui causent au lieu de deux. Comment s'étonner alors des malentendus, des quiproquos, des froissements qui se produisent sans cesse, puisque presque jamais ni A ni B ne s'entretiennent avec la personne à qui ils croient parler? puisque chacun prête à l'autre, et se prête à lui-même, des sentiments, des idées, des intentions qui ne répondent que de loin à la réalité ?

Peut-être cette analyse est-elle encore plus vraie des nations que des individus. La France, l'Angleterre, la Russie ont d'elles-mêmes une idée fort éloignée de celle que l'Alle-

magne en a. Réciproquement, l'Allemagne leur apparaît tout
autre qu'elle ne se voit elle-même, et toutes sont sans doute
assez loin, dans tous les cas, d'une vue exacte de leur voi-
sines. Par suite, chacune croit saisir, chez les autres, des sentiments, des tendances, des arrière-pensées, des combinai-
sons, qui sont, pour une part au moins, imaginaires. Mais
elle peut se juger autorisée par là à prendre des mesures
de défense, et alors les malentendus s'aggravent. Par
exemple, un sentiment d'hostilité auquel on a cru quand il
n'était pas réel, devient réel parce qu'on y a cru.

L'unité de la France est constituée depuis de longs
siècles. La nation a la conscience la plus nette et la plus
vive d'un grand passé de gloire, où elle tenait en Europe un
rôle de premier rang, tantôt par sa puissance militaire
comme au siècle de Louis XIV ou au temps de la
Révolution et du premier Empire, tantôt par l'éclat de son
génie dans les lettres et dans les arts. Elle ne se représente
donc pas aisément les sentiments d'une nation comme l'Allemagne, dont les destinées historiques ont été si différentes
des siennes.

Abstraction faite du grand Empire du moyen âge, l'unité
de la nation allemande est de date tout à fait récente.
Pendant toute la période moderne jusqu'en 1870, elle a
vécu dans un état de division politique dont elle a souf-
fert matériellement et moralement, et d'autant plus que
d'autres peuples, près d'elle, avaient brillamment réalisé ce
qui lui manquait. Cette unité nationale, elle l'a obtenue
enfin, et elle sait qu'elle la doit à la Prusse, c'est-à-dire à
la puissance militaire que la Prusse s'est fait une loi de
porter au plus haut degré de développement, au prix des
plus lourds sacrifices. L'unité de l'Allemagne s'est fondée
en pleine guerre, en même temps que l'Empire se recons-
tituait au profit de la Prusse. Elle est le plus précieux
fruit de la victoire, la plus belle récompense des efforts que
les Allemands ont faits à ce moment décisif.

L'Allemagne garde donc la mémoire encore fraîche du
temps où, partagée entre les ambitions rivales de l'Autriche
et de la Prusse, sans parler de nombreux états souverains plus
petits, de modèles variés, elle était réduite à l'impuissance

par sa constitution fédérale, et ne comptait à peu près pour rien dans les conseils de l'Europe. Retomber dans cet état serait pour elle le plus grand des malheurs et la pire des humiliations. Comme c'est par la victoire de ses armées qu'elle en est sortie, l'unité nationale et la puissance militaire demeurent pour elle indissolublement liées. Elle ne croira jamais cette puissance militaire trop développée. Son armée est son orgueil, sa joie, sa vie. C'est sa revanche pour tant de siècles où son histoire politique ne lui montre que des invasions et des pertes de territoire ; c'est le témoignage éclatant de l'unité nationale reconquise ; c'est la certitude que cette unité ne sera pas reperdue. Aussi rien ne sera trop cher quand il s'agira de l'armée ou de la flotte. Dans ce souci de la force militaire et navale qui prime tout, les autres nations verront le signe d'intentions belliqueuses, agressives, dominatrices, de la part de l'Allemagne. Celle-ci s'en défendra, protestera de son amour de la paix. Son armée et sa flotte ne lui servent qu'à la défendre contre toute agression. Et les sentiments que nous venons d'analyser peuvent faire croire à la sincérité de son langage. Pourtant, la possession d'instruments si formidables n'est-elle pas une tentation constante d'y avoir recours, et les autres nations n'ont-elles pas de justes causes de redouter une attaque ? Ainsi la pensée d'une guerre possible les hante toutes. Lorsque cette pensée prend le caractère d'une obsession, la guerre elle-même n'est plus bien loin.

Autres illusions nationales dangereuses : les Français croient trop volontiers qu'on les aime ; les Allemands sont persuadés qu'on ne les aime pas. Cette conviction, fondée ou non, ne les rend pas plus aimables. Ils s'imaginent qu'on les envie ou qu'on se moque d'eux. Ils sont portés à croire qu'on veut toujours leur faire tort. Ce sentiment date de loin, et des circonstances historiques relativement récentes lui ont donné une nouvelle force. Quand l'Europe s'est reconstituée après les bouleversements de l'époque napoléonienne, en 1815, l'Allemagne a été profondément blessée de la part que les autres lui ont réservée. Elle s'attribuait le rôle principal dans la guerre qui avait fait tomber Napoléon ; elle en avait eu l'honneur, elle eût voulu en recueillir aussi le profit. Or, elle n'obtient à peu près rien de ce qu'elle désire. Ses patriotes ont réclamé à grands cris l'Alsace et la Lorraine. La Russie et l'Angleterre font la sourde oreille. De même, à l'est, la frontière est tracée de manière à exposer l'Allemagne à un danger constant. L'Allemagne se croit donc jouée par la France, qui retrouve à peu près, malgré sa défaite, ses frontières de 1789, et qui échappe ainsi au châtiment trop mérité de son œuvre révolutionnaire. Elle se juge aussi dupée par l'Angleterre et par la Russie, qui lui ont fait tirer les marrons du feu, et qui abusent de sa faiblesse politique pour lui refuser les satisfactions auxquelles elle a droit.

Pendant tout le XIXᵉ siècle, jusqu'à ses victoires, l'Allemagne a gardé le sentiment amer de cette déconvenue. Elle en a conservé du dépit, une irritabilité excessive, et l'idée que les autres puissances ne manquent pas une occasion de léser ses intérêts, de la bafouer, de lui jouer tous les mauvais tours qu'elles p   .ent. Chose curieuse, ce sentiment a persisté même après 70. Il s'est amalgamé avec l'orgueil de la victoire, mais il n'a pas disparu. Sans doute, l'Allemagne pense inspirer maintenant l'envie. Mais elle continue à croire qu'on cherche toujours à l'évincer, et à la frustrer de ce qui devrait légitimement lui appartenir.

De là ses réclamations et ses revendications continuelles, son esprit de chicane, ses protestations contre des voisins qui ne veulent pas lui laisser sa « place au soleil ». Tard venue dans le conseil des grandes puissances, elle supporte avec peine que d'autres possèdent ce qu'ils ont eu l'occasion d'acquérir avant qu'elle pût y prétendre. Il lui semble facilement que ce qui est à autrui lui a été dérobé. Tout avantage d'autrui l'irrite et l'inquiète : elle a toujours peur d'être « roulée » — si j'ose employer cette expression, — par des partenaires qui ont la malice et l'adresse à défaut de la force. Disposition dangereuse chez une puissance qui peut déchaîner la guerre au moment où il lui plaira, et qui se croit plus sûre de la victoire sur le champ de bataille qu'autour du tapis vert d'un congrès !

On demandera peut-être s'il est d'une bonne méthode de chercher surtout en Allemagne, comme nous l'avons fait, les causes essentielles de la guerre présente. Mais la nature des choses le veut ainsi. N'est-ce pas l'Allemagne qui a déclaré la guerre à la Russie et à la France ? N'est-ce pas l'Allemagne qui était décidée d'avance à traverser la Belgique, de gré ou de force, et à se précipiter sur Paris par une marche foudroyante? Ni la France, ni la Russie, ni l'Angleterre ne s'étaient résolues à courir un risque si terrible. L'événement a bien montré qu'elles étaient loin de s'y être préparées comme l'Allemagne.

La même conclusion sort avec non moins d'évidence des documents diplomatiques que les puissances intéressées ont publiés. Si l'Allemagne avait préféré la paix à la guerre, — le choix ne dépendait que d'elle — l'Autriche n'aurait pas refusé d'écouter ses conseils. Depuis la publication du *Livre jaune*, on ne peut plus douter que l'Allemagne n'ait connu d'avance les termes de l' « ultimatum » adressé à la Serbie. Mais elle pouvait encore, dans les jours qui suivirent, s'associer aux efforts des puissances occidentales et de son alliée l'Italie, pour sauver la paix de l'Europe, et pour trouver un accommodement acceptable à la fois pour la Russie et pour l'Autriche. Elle n'en a rien fait. Il semble même qu'à la dernière minute elle ait précipité les événements, pour empêcher l'Autriche et la Russie de trouver une formule d'entente. On est donc fondé à rechercher les causes de la guerre surtout dans le pays qui a pris la responsabilité de la déclancher.

Il serait peu équitable, cependant. de localiser cette recherche dans l'Allemagne seule. Il faut tenir compte de l'état politique et économique de tous les états européens à ce moment, et en particulier de celui de l'Autriche. Si l'étendue de cette étude permettait une analyse tant soit peu détaillée de la situation de l'empire austro-hongrois depuis 1908, on verrait comment il a été amené à préférer le risque redoutable d'une guerre à la prolongation d'un malaise qui devenait intolérable. Les cris de douleur et d'indignation des Serbes, quand ils avaient vu leur nationalité mutilée par l'annexion de la Bosnie-Herzégovine à l'Autriche — l'évidente hésitation de la Russie à soutenir les revendications serbes — les guerres des Balkans — la constitution précaire d'un État d'Albanie — la rivalité avec l'Italie pour la prédominance dans l'Adriatique — le désir de s'assurer une route libre vers Salonique — la nécessité de contenir les aspirations slaves à l'intérieur même de la monarchie dualiste : toutes ces graves préoccupations obligeaient l'Autriche à maintenir son armée sur le pied de guerre. Cette mobilisation permanente, l'imminence prolongée d'une guerre qui menaçait toujours et qui n'éclatait jamais, finissaient par être presque aussi onéreuses et aussi ruineuses qu'une guerre ouverte. Aussi la déclaration de guerre à la Serbie fut-elle accueillie à Vienne par des cris d'enthousiasme.

Le monde des affaires, en général, ne désire rien tant que la paix. Mais les commerçants, les industriels, les banquiers peuvent être exaspérés à la longue par la stagnation des affaires qui est la conséquence de la situation où se trouvait l'Autriche depuis plusieurs années. Ils en viendront alors à ne plus redouter la guerre, à la provoquer même, afin de sortir coûte que coûte d'un marasme qui les ruine aussi sûrement que le ferait un conflit armé. C'est ainsi qu'en certaines circonstances les intérêts commerciaux, financiers et industriels peuvent se joindre aux passions nationales et aux ambitions politiques pour pousser un gouvernement à la guerre. Cette coalition est dangereuse au plus haut point. Le risque d'une conflagration devient alors extrême. Il faudrait un miracle pour qu'elle ne se produisît pas. Aussi bien c'est justement là, au point de contact entre l'Autriche-Hongrie et les Slaves des Balkans, que l'étincelle a jailli.

SAINT-DENIS. — IMP. Vᵉ BOUILLANT ET J. DARDAILLON.

LIBRAIRIE FÉLIX ALCAN, 108, boulevard Saint-Germain, Paris, 6e.

AUTRES OUVRAGES DE M. LÉVY-BRUHL

Lettres inédites de J.-S. Mill à Auguste Comte. 1 volume in-8. . . . . 10 fr.

La Philosophie d'Auguste Comte. 3e édition. 1 vol. in-8. 7 fr. 50

La morale et la science des mœurs. 5e édition. 1 vol. in-8. 5 fr.

Les fonctions mentales dans les Sociétés inférieures. 2e édition, 1 volume in-8º. . . . . 7 fr. 50

PUBLICATIONS SUR LA GUERRE

Qui est Responsable? par CLOUDESLEY BRERETON, traduction de l'anglais et avant-propos par Emile LEGOUIS, professeur à la Sorbonne, 1 brochure in-8. . . . . 1 fr. 25

Pourquoi les Germains seront vaincus, par J.-L. DE LANESSAN, ancien ministre, 1 brochure in-8. . . . . 1 fr. 25

L'Empire germanique, sous la direction de Bismarck et de Guillaume II, par le même, 1 brochure in-8. . . . . . . 1 fr. 25

Les Usages de la Guerre et la doctrine de l'État-Major allemand, par Ch. ANDLER, professeur à la Sorbonne, 1 brochure in-8. . . . . 1 fr. 25

Les Causes profondes de la Guerre (Allemagne, Angleterre), par HOVELAQUE, inspecteur général de l'Instruction publique, 1 brochure in-8. . . . . 1 fr. 25

Le Militarisme allemand. Ce qu'il est. Pourquoi il faut le détruire. par HUBERT BOURGIN, professeur au lycée Louis-le-Grand, 1 brochure in-8. . . . . 1 fr. 25

Vers la Victoire, par PAUL FLAT, directeur de la Revue bleue. Préface de M. L. BARTHOU, ancien ministre, 1 brochure in-8º. . . 1 fr. 25

La Russie et la Guerre, par ARTHUR RAFFALOVICH, correspondant de l'Institut, 1 brochure in-8. . . . . 0 fr. 60

Le Manifeste des « Kulturkrieger ». Lettres de MM. YVES GUYOT, DANIEL BELLET et L. BRENTANO, de l'Université de Munich, 1 brochure in-8. . . . . 0 fr. 60

La Reprise de Constantinople et l'Alliance franco-russe, par ED. DRIAULT, professeur au Lycée de Versailles, 1 brochure in-8. . . . . 0 fr. 60

L'Emprise allemande, par le Prof. PIERRE DELBET, de la Faculté de Médecine de Paris, 1 brochure in-8º. . . . . 0 fr. 60

La Politique des Allemands (alcooliques, fous et criminels), par le Dr CAPITAN, professeur au Collège de France, 1 broch. in-8. 0 fr. 60

LA GUERRE. Conférences de la Société des anciens Elèves de l'École libre des sciences politiques : Les Origines de la Guerre, par EMILE BOURGEOIS, professeur à la Sorbonne. — L'Allemagne et le Droit des gens, par LOUIS RENAULT, membre de l'Institut. — La Guerre et les Finances, par RAPHAEL-GEORGES LÉVY, membre de l'Institut. — La Guerre et les Armées, par le général MALLETERRE.— L'Industrie moderne et la Guerre, par DANIEL BELLET, secrétaire perpétuel de la Société d'économie politique, 1 vol. in-16. . . . . 3 fr. 50

LA GUERRE ALLEMANDE, d'Agadir à Sarajevo (1911-1914), par PIERRE ALBIN, 1 vol. in-16. . . . . 3 fr. 50

LES CAUSES ET LES CONSÉQUENCES DE LA GUERRE, par YVES GUYOT, ancien ministre, rédacteur en chef du Journal des Economistes, 1 vol. in-8. . . . . 3 fr. 50

SAINT-DENIS. — IMPRIMERIE Vᵉ BOUILLANT ET J. DARDAILLON.

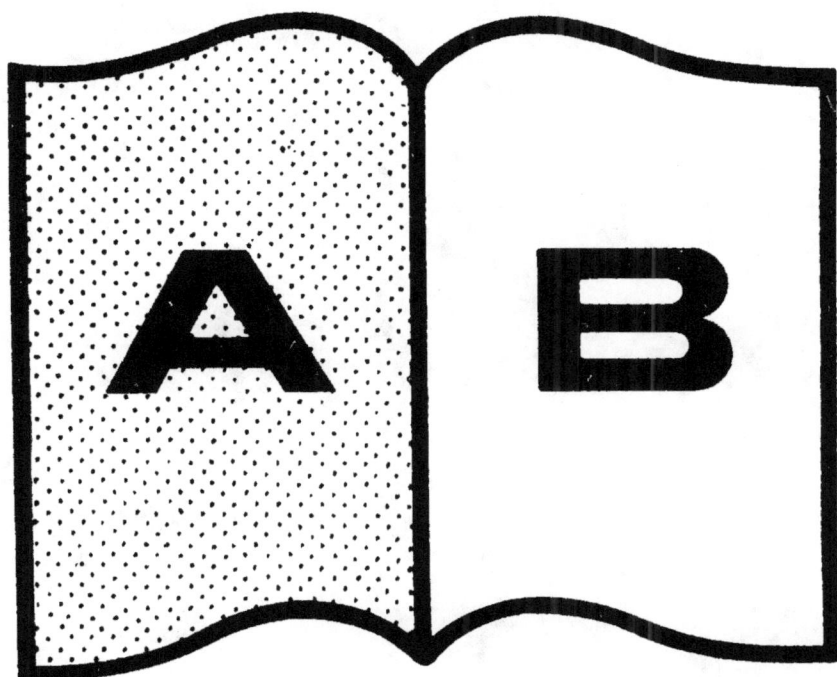

Contraste insuffisant

NF Z 43-120-14

www.ingramcontent.com/pod-product-compliance
Lightning Source LLC
Chambersburg PA
CBHW060725280326
41933CB00013B/2564